명은애 제 5시집

벌목공에게 숲길을 묻다

가슴에 내리는 시 153

벌목공에게 숲길을 묻다

지은이 명은애
펴낸이 최명자

펴낸곳 책펴냄열린시
주소 (48932)부산광역시 중구 동광길 11, 203호
전화 010-4212-3648
출판등록번호 제1999-000002호
출판등록일 1991년 2월 4일

인쇄일 2025년 04월 7일
발행일 2025년 04월 10일

ⓒ명은애, 2025. Busan Korea
값 12,000원

ISBN 979-11-989537-7-3 03810

• 저자와 협의하여 인지를 붙이지 않습니다.
• 잘 못된 책은 바꿔 드립니다.
• 이 책의 내용 중 일부 또는 전부를 저자 및 출판사의 동의없이 사용하지 못합니다.

□ 자서

빗소리 멈춘 몰운대 숲에 바람이 분다.
숲속 미로를 건너온 해풍이 쉬이 눈에 들지 않은 길을 쫓아간다.
얼마나 깊어 갔을까?
숲이 보이지 않는다.
벌목공이 날린 파랑새는 찾을 수가 없다.
비울수록 가득 담겨져 오는 숲길은
흩어져간 파랑새를 찾아 묻는다.
길이 남아 있나요?

2025년 3월
명은애

목차…4
자서…3

제 1 부

몰운대 숲길…11
푸른 독거…12
다시 초록이다…14
히말라야시다 이력서…16
자작나무를 껴안다…18
천리포 수목원 술래…20
벌목공에게 숲길을 묻다…22
복수초…24
문 앞에 꽃…25
달개비꽃…26
책이 된 은행나무…27
해바라기…28
아카시아 정원…29
십리 대숲의 노래…30
물푸레나무…32
상수리 숲에 들기로 한 날…33
내 안에 그린 물무늬…34
꿈꾸는 숲…35
그늘진 숲 이별…36

제 2 부

호두나무 책장…39
노을을 입다…40
바람 사는 숲…41
당단풍나무 침대…42
먼 숲길…43
몰운대 숲이 된 아이들…44
주산지…46
박달나무…47
이팝나무…48
나목…49
버드나무 시간…50
기생초…51
녹색 시선…52
자카란다…53
은행나무 침대…54
가시연 몸살…56

제 3 부

문화로 풀꽃…59

뜨거운 발…60

흔들리는 껌…62

빛나는 눌어…63

그물 손가락…64

가상현실…66

얼음골 사과…68

아무…69

눈썹달…70

아픈 서포…71

흑가시…72

젖어야 사는 여자…73

그리움을 벗다…74

무미랑…75

완성으로 가는 초승달…76

잃어버린 책…77

바람 속에서…78

낙원묘원 까마귀…80

물꽃…81

어둠을 만지다…82

제 4 부

다이어트가 필요한 말…85
채석강 노을…86
새재역에서…87
언어 마술사…88
지하철 여인들…89
젖지 않는 우산…90
앨범 속 라면 탑…92
낮잠…94
갈대비…96
붕어 굽는 부부…97
약을 먹다…98
휴일…100
을숙도에서…101
자귀나무꽃…102
새를 잡다…104
그늘진 손…106

해설/드리아드 노래와 눈빛 속으로-강영환…107

제 1 부

몰운대 숲길

햇살 흘러내린 오솔길에
오래둔 발자국을 벗어 두고 왔다
길 눈 밝은 날엔
베란다 유리창 너머 출렁이는 숲에
청설모 입술 적시는 물 웅덩이 반짝이고
올챙이 낯선 잔등도 만날 수 있다
활시위 늘이는 왜바람에
젖은 솔이끼 서 있는 길섶이 긴장한다
벼랑 끝 파도도 숨 죽인다
귓불 에이는 바람에
소나무 잠 못 이루는 밤이면
창백한 북극성이 해송 정수리에
마른 시간을 세울때
젖어 누운 길을 품은 숲이 앞서간다
걸음이 끊어진 목책 없는 객사에
눈치없이 드나드는 청설모
오래 둔 발목을 지운다

푸른 독거

나무 한 그루만 있어도
그녀에게는 숲이다
그 나무 문 앞에서
똑똑 문을 열고 들어서서
공기청정기를 빌려오기도 한다

숲이 일어 선다
눈에 든 물비늘 털어내고
몰운대 숲에 눈이 깊어지기로 한 그녀
비자나무 아래 섰다
나무를 아는 게 사는 일이라지만
무거운 시간이 쌓인 그루터기는
그녀 아침을 일으켜 물관을 튼다

습한 언어가 말라 가는 잎맥
청설모 혀 안개에 숨기고
음수대 앞에서도 그녀는 입술이 마른다

비구름 끌고 오는 딱총새
몰운대 객사 추녀 끝에 구름 내려놓을 때
비자나무 아래 늘어진 그림자가
숲을 닮는다

다시 초록이다

참았던 흙비가 내린다
비는 연두 입술과 갈색 눈을 삼킨 뒤
매섭게 능선을 부른다
숨을 쉴 때마다
흙이었거나 모래였거나
산사태로 무너진 비가
오백 년 팽나무 혈관을 파고 든다
가지가 꺾여 드러난 관절, 마른 눈물에
숨이 차다
잡을 수 없어 셀 수 없는 엉겅퀴가
동공에 담지 못해 넘치는 참닻꽃이
숲속에 뼈를 뱉는다
딱따구리 사라지고 거미줄 지워지고
남긴 내 발자국도 흔적이 없다
흙비가 숨을 고르고 떠난 숲에
다시 초록이다
나무에 귀를 대니 물 흐르는 소리 들린다
숲에선 꽃뼈 주섬거림이 일어서고

지워지고 사라진 빈터에
파랑새가 날아든다
봄비 구르다 앉은 바위에도 기척이 돌아
눈도 못 뜬 이끼가 이끼인 척
풋내나는 손으로 초록 연서를 쓴다

히말라야시다 이력서

달구벌 기적에 귀를 씻고 서 있는
나무와 눈을 맞춘다
나무는 구겨진 초록 심장을
도시에 털어내는 중이다
된바람이 떨군 잎에서
눈빛 흩어지는 시간이 새털로 난다
나뭇잎은 바람 속 휘파람으로 불어와
가지 손을 잡는 순간
나무가 품고 있는 이력에 지문을 찔러
손가락에서 빨간 십이 월이
억 겹 빙하를 지나 히말라야를 흔든다
어쩌다 목마른 도시에 들었을까
손톱 부딪히는 가지, 목 움츠리는 오후
흩어지거나 날아오르던 햇살이
그늘진 발목에 고인다
산맥에 눈 내리는 소리 들으며
나무가 살아온 날들이 허공으로 날아간다
하얀 시간이 어둑하게 녹을 때

히말라야시다 자서전 끝에는
둥치를 붙든 쇠목이 갈라진 땅에 뿌리 다지고
뜨겁게 익은 내 지문도
손금에 나무를 들이는 중이다

자작나무를 껴안다

어디서 잃어버린 피붙이일까
어쩌다 놓아버린 손일까
잎새바람 누운 숲 속에
딱다구리 노동이 부서진다
동공에 스민 숨소리를 떨구는 사이
능선을 삼키고 드는 그늘에
초록 너울이 잡힐 듯 휩쓸린다
나는 나무를 찾아 무엇을 하려는 것일까
살아야 할 이유를 찾는 것인지
원대리를 버리고 간 휘파람새를 찾는 것인지
햇빛이 내가 헤매던 길을 펼친다
숲을 희롱하는 미로다
다시 눈 밝혀 보지 않아도
발밑 두꺼운 먼지를 털어내지 않아도
바람에 휘청거리는 가지가 일구는 거품이
꼬리를 물고 사라졌다 나타나는 숲
둥지를 찾지 못한 아기새 울음이
가슴에 슬퍼할 빈터도 남겨두지 않은 채

눈 밖에 둔 벌목공 거친 숨소리와
닮았다 쓴다

천리포 수목원 술래

흔들리지 않는 거룻배를 본다
배는 연못에 묶인 듯 소리도 내지 않는다
나는 흐드러진 개구리밥 사이로
물거품으로도 홍수를 낼 소금쟁이와
바람 혀끝만 닿아도 가시를 떨구어 낼
호랑가시나무 그림자와 숨바꼭질하며
고물에 눈을 숨긴다
천리 길에 초록을 펼쳐놓은 나무들
숲을 통째 눈에 들이고 술래를 기다리지만
술래는 손톱을 세운 채
옷깃 한 자락 숨길 곳 없는 연못만 뒤적거린다
숨 죽인 채 얼마나 있었을까
발등에 오글거리는 개미취
보랏빛 꽃내음따라 연못가로 간다
숨어 있는 내 속눈썹도 찾지 못한
소금쟁이는 어디로 갔는지
처음부터 술래가 아니라는 듯
머리카락 한 올 보이지 않는다

연못과 나무 사이에 바람이 분다
수억 년 발돋움했거나 발돋움 하고 있는
초록 소리 넝쿨 진 숲 속에서 나는
술래 물거품을 지우고 가시 손톱을 자른 뒤
숲이 남긴 향기를 찾는 술래다

벌목공에게 숲길을 묻다

치내리바람에 콜레우스 볼 에이던 날
잎은 숨죽여 가시나무 숲으로 간다
며칠 밤을 지내야 바람이 잦아들지
중얼거리는 입술에 무게를 잴 수 없는
추가 달린다
잎은 허공에 떠다니는 초침 소리 들으며
밤을 새우고 아침을 헤아린다
어디로 가야 할까?
어느 길이 내 길일까?
벌목공에게 숲길을 묻는다
깊은 그늘로 휘어지고 싶을 때마다 벌목공은
허공에 치내리를 묻고 불면으로 꿰맨 시간을
거먕빛 입술로 물어뜯고 있다
숲에 비가 내린다
살아온 날들이 빗속으로 빨려 들어간다
다시 비가 되어 쏟아진다
눈 뜬 새벽, 바람이 사라진다
벌레들이 몸 섞는 그늘에 잎을 버려두고
숲으로 사라진다

꽃살문 여닫던 손길이 만든 생채기에
혼절한 밤들이 지나고
하얗게 탄 울음이 길목에 선다
벌목공 손가락이 달을 가르킨다

복수초

잔설 이고 연두를 만난 건
아직 잠 깨지 않은 언 땅을 밀고
노란 피를 게워낼 때다
잠시 눈 마주쳤을 뿐인데
옷깃 그림자 스쳤을 뿐인데
온기가 묻었나 보다
내 눈 스치고 간 발자국 찾아
봄이거나 봄이 아니더라도
눈 덮힌 이월 숲에 든다
올챙이가 숨방거리는 웅덩이를 지나
상수리나무 등 뒤에 숨은 면사포 쓴 바람에게
복수초 안부를 묻는다
머리카락 감춘 꽃잎 냄새가 난다
숨 참느라 볼이 풍선이다
술래가 된 나비가 숲 속에 눈 버리고
초록바다를 수혈받는 중이다

문 앞에 꽃

숲 문 앞에 우두커니 서 있다
지나간 시간이 그랬고 지금도 그렇다
붓꽃이 내게 들어온 날부터 그랬다
나근히 노크하던 발자국 소리에
심장이 뛰고 피가 돌아
숫자 속에 갇혀 있던
간절한 시간이 친절하게 자라
척박한 백지에 보랏빛 새를 그려 넣는다
다독이지 못한 인기척 만나러
알몸으로 거울 앞에 서면
문경새재 귀틀집으로 휴가 떠난
붓꽃 안부가 궁금하다
눈을 감았나 보다
꽃잎으로 걸어온 말들이
문 앞에 우두커니 서 있다

달개비꽃

눈썹달 더디가는 걸음 따라
네 눈썹이 그려지는 밤
보랏빛 향기 목덜미를 적시고
눈시울에 가득 찬 달무리 아련할 때
내 안에 뜨겁게 피어난 꽃
그리움이다
말 못 할 그리움이다
너에게 가는 길 아득해
삼키는 눈물 소리만 가냘프고
눈썹 끝에 구겨진 꽃잎 하나
허공에서 길을 잃었다
바람에 스쳐도 아플, 갈 수 없는 푸섶길
사라지지 않는 향기 뒤편에 두고
눈썹을 얼음으로 태운다

책이 된 은행나무

감춰 둔 속내가 입술을 내밀자
운곡서원* 기둥에 주름이 곁눈질로 일어선다
바람 든 발자국에 귀 몸살 난 나뭇가지
렌즈에 반사되는 햇빛 삼키며
짚어 봐야 할 입술이 뜬구름으로
나무였고 가지였던 사이로 떠 간다
접혔던 말주름 펴고 보니
가지가 드리웠던 그늘에 헤진 잎이 아린다
햇빛에 데이고 바람에 할퀴어 쓰리지만
나무는 외면하는 건지
가지가 휘도록 키만 키운다
지붕 막새 끝에 별꽃이 그득해지면 뜰에는
묵은 전화 소리가 숙성된 매미소리로 진동한다
걸음을 가리지 않고 등을 내주는 나무는
시달려도 소리 낼 줄 모르는 가지가
하늘을 건지는 줄 모르나 보다

*경주에 있는 서원

해바라기

등뼈 굽은 줄기가
치맛자락 주저리는 꽃잎을 본다
햇빛이 한 걸음 디딜 때마다
잎은 까만 눈을 막고 보조개만 들이댄다
명왕성이 보낸 고요가 영글어 진다
해를 만난 지 두 달
잠시 스치고 오래 헤어져 있으니
따뜻한 발소리는 멀고
소리 쫓아 늘인 목에 치맛바람 횅하다
장마 시작되는 날
멀어진 발소리 눈에 나
긴 목덜미 움츠리지 않는 고집은
따뜻한 손길이 다시 이 길을 지날 때
꽃잎에 가려진 나를 못보고 지나칠까
염려 때문이다

아카시아 정원

팔공산 신림봉이 아카시아 속을 넘본다
하늘은 모로 튼 눈으로
아카시아 꽃을 들여다본다
동봉을 마주한 나무
벼랑 끝에 선 아득한 연두
보여줄 게 많은 듯
잘깃한 신록 붙든 채 하얀꽃 매달고
곁을 지키는 노송 가지에 오른
늦은 봄물 들이킨다
소소리바람이거나 꽃샘바람이거나
흔들림을 등에 업은 그네를 타며
아카시아 꽃잎을 눈에 들인다
오월이 동공에 스미고
눈을 감으면 능선을 거슬러 온
만발한 향기가 깍지를 낀다
나는 그 숲에
손가락 마디마다 채굴된
우전차 같은 오월을 두고 왔다

십리 대숲의 노래

울산 태화강변 십리 대숲 이슬에
대나무 속살이 젖는 밤이다
안개 바람은 그냥 지나치는 법이 없어
차가운 심장을 스치는 댓잎마다
옷이 해지도록 노래한다
낮은 하늘을 거머쥔 대나무에는
푸름으로 부풀었던 날들이 장식되어 있는
졸가리 키 작은 시간이 그려지고
몸을 뒤척일 때마다 살찐 의태어가
높은 키로 쏟아진다
밤이면 견우가 다녀간 은하수 다리에
발자국마다 상현달빛이 조각되고
별빛에 입술이 젖도록
직녀를 껴안았던 가슴이 접혀있다
안개 바람이 졸고 있다
숲에서 아다지오 음률이
텅 빈 근육 사이로 비틀거린다
속을 비운 줄기가 귓불에 스미는 떨림

검은 다리에 발을 내딛는 칠월칠석 서술이
점멸하는 불씨가 된다

물푸레나무

비가 숲을 두드린다
숲이 문을 열고 비를 들인다
삼월 봄비를 눈에 들인다
비는 나뭇가지를 삼키고 물관을 틔운다
팔을 펼치는 비
가지를 뻗는 나무
빗물 삼키는 소리 옹골차다
여울물 된 비가 내 동공에서 넘쳐난다
내 비밀한 숲에서 삼월을 키우는 비가
유리창을 두드리거나 탁자를 적셔도
이미 내 눈에 뿌리 내린
물푸레나무가
내 숲이 된 도시 거리
꽃이 지워진 오월 자리를 맴돈다

상수리 숲에 들기로 한 날

눈먼 비가 내린다

물총새가 쏘아 올린 타박에도 하늘은 눈이 멀다
몰운대 숲속으로 쏟아지는 맹목적인 빗줄기에
발등은 운무 속으로 지문을 감춘다

출입 금지
푯말을 밀친 흙탕물이 비탈길로 쓸리는데 비는
호흡 한 번 가다듬지 않고 숲 속을 헤집는다

바다가 보내는 물갈퀴 문장을 읽을 수 없는
아기 상수리 나뭇가지 무릇하고
유리창에 빗금 긋는 스케치가 끝날 때까지
나는 인기척을 내지 않는다

다음 날도 그다음 날도
비가 내린다

내 안에 그린 물무늬

아카시아 숲 바람을 눈에 들인다
나무 아래 동공에 뿌리내려
폭풍에도 흔들리지 않는
안약을 넣어주는 그늘이 된다
차가운 꽃향에 혼절하는 유월
가시 끝에 시간이 멈춰도 아프지 않을
향기가 추락해도 처절하지 않을 눈시울
풀어헤친 머리카락 사이로
앞서가는 걸음을 물무늬로 스케치한다
눈이 내리거나 파랑새가 앉거나
한 폭 마을이 되는
아카시아나무 아래 바람을
안약으로 채색한다

꿈꾸는 숲

도시 불빛들 지친 숨결을 본다
하나, 둘, 셋 숲에 떨어진 별을 줍다
배롱나무 가지 속살거림을 듣는다
작은 가지가 큰 가지에게 팔을 받쳐주는
나무 나라에서 꿈을 꾼다
나무가 깔아 준 연둣빛 이불을 덮고
카나리아 입술을 곁에 뉘었다
나뭇잎이 서로 볼을 부비고
새가 알을 낳는 꿈을 꾼다
너무 먼 우리가 우리에게 돌아오는 사이
귓불에 숲이 들려주는 소리를 모아 기른다
꿈이거나 꿈이 아니거나
숲에서 오래 살고싶다

그늘진 숲 이별

나와 눈 맞추던 능소화를 버린다
봉우리에 남아 있는 입술
뱉지 못한 토씨에 목젖이 아프다
종일 소슬바람 삼키던
말랑거리는 잎이 바람춤 추면
꽃잎 한 장 동쪽 하늘로 떠나 보낸다
줄기 사이 눈시울 빨갛게 묽어지거든
푸른색을 눈앞에 두고 보내는
마지막 연서라 읽는다
꽃 져 내린 자리마다
다시 푸른 잎 고개 치켜세우면
꽃 피울 눈웃음 보내지 못해
그대와 짧은 눈 맞춤에 땀 흘린 여름이었노라
황진이 창으로 듣는다

제 2 부

호두나무 책장

호두가 열리지 않는 책장 안에
빗돌로 꽂혀있는 책
빛바랜 갈피는 마침표로 입을 다문다
빈지를 떼어낸 모서리엔
셈을 치루고 간 남자 부직포 가방이
어깨가 구겨진 채 웅크리고 있다
온기 마른 서재에서는
뜨거운 커피를 마셔도 입술이 차갑다
여름이 겨울이 되었지만
남자는 계절을 잊었는지 소식이 없다
책과 떨이로 팔린 줄 모르는 책장은
이름 다른 책들을 껴안고 있다
이유없는 떨이는 없다
낡은 책만큼 오래된 책장에서
언제 것인지도 모를
호두 부스러기가 자부작거린다

노을을 입다

숲에 빛이 엎어지면
웅크리고 있던 통증이 눈꼬리를 치켜뜬다
나무 관절마다 바늘이 숨어있다
나를 품은 침상 시트 자락엔
흩어진 실밥이 복병으로 매달려
연음을 바느질한다
알약으로 구겨진 어둠을 펴고
마른 꿈을 다독이지만
눈에 스며들지 않는 안개가 몸집을 부풀린다
솔가지 물어와 뒤척이는 딱따구리
창틈을 드나들며 통증을 키우는 바람
습한 모음이 천 개 혓바늘을 세워
아린 혀끝을 태워도 재는 보이지 않는다
숲이 앉아 있는 동안 밤은 하얗게 늙고
헝클어진 눈이 훑고 간 이불을 털자
밤새 주광빛에 절은 관절이 죽은 물비늘로 떠오른다
통증은 서둘러 흩어진 얼굴을 주워들고
박음질 된 시트를 버린다

바람 사는 숲

샛별에 눈 밝혀 봉래산 찾아가는
나무와 나무 사이가 아직 어둠이다
곰솔 가지 드리운 그림자에
바람이 몸 섞는 불면인 숲속
깨어있는 새는 보이지 않는다
숲에서 어디로도 가지 못하는 바람은
몸 다투며 졸가리 끝에 앉거나
아물쇠딱따구리 집에 볼 비비거나
웅숭깊은 뿌리에 입바람을 불어넣는다
산비탈에 걸음을 얼마나 풀었을까
숨길 가파른 길 내려다보니
마을 불빛은 보이지 않는다
등 뒤에 두고 온 집도 사라졌다
어디로 갔는지 숲에서는
발 벗은 안개가 몸집을 키우고 있다

당단풍나무 침대

빨간 손바닥 떨구어 낸 가지에
게자리가 눈맞춤 한다
흔적 지우며 떠도는 모하비 사막
핏발 선 눈을 뜬 바람으로
잠자리를 파고드는 꿈속에서
침대 기둥이 꽃눈을 틔우거나
가지라도 치는 날이면
나는 얼굴 붉어져 사막에 간다
자정에 들자
내 안에 들이치는 바람 소리
창문을 닫아도 틈새로 새어드는
소리 없는 사막의 숨소리들
나는 지금 품을 수 없는
빨간 소리들을 데리고
오아시스를 키우기 위해
사막을 횡단하는 바람이다

먼 숲길

다대포 해송 길에서
서면 은행나무 길까지 걸어간다
한눈 팔지 않고 걸어도
끝이 보이지 않는다
돌아보니 그림자도 얼굴이 없다
몇 굽이 골목을 돌아 나서야 내가 보일까
발가락 마디마다 망치소리
보도블록 행간 사이에
깨진 잎들이 찢긴 잔솔이 혓바늘로 쌓여
더딘 걸음에 헤살거린다
을숙도 갈대 그늘진 이마에
손 얹어보는 노을
가슴과 가슴이 이어놓은 길이 수만리
눈을 치켜세워도 보이지 않는 나는
도시 숲에 갇힌 섬이다

몰운대 숲이 된 아이들

장마가 지난 뒤에도 비가 오래 내린다
안개에 짓무른 입술은 능선을 보며
저녁이면 비가 그칠 거라 중얼거리지만
먹구름은 표정을 바꾸지 않는다

'잘들 있는 거지?'

거세지는 된바람에 불안을 걷어낼 수 없는 동공은
나직이 안부를 묻고
창문 틈새에 갇힌 안개가 물방울을 만드는 동안
내 곁에서 웃음을 주던 반려견
탁구, 봉구, 별이*를 불러본다
지난 시간을 뒤적여보니
나는 아이들로 인해 비 내리는 날도
보름달이 떴다고 웃었고
아이들은 나로 인해 번개 치는 날도
무섭지 않았다고 깡충거렸다
아이들이 떠난 후

몰운대를 보며 아침을 재우고 밤을 깨우며
바람이 길 내는 패랭이 꽃밭
행간에 스민 온기를 다독였다
어둠이 너무 밝아 눈감지 못한 날들이
눈물에 더 이상 젖지 않을 때쯤
길에서 만나는 모든 반려견들이
탁구이거나 봉구 같거나 별이를 닮았거나
전혀 같지 않거나 닮지 않은 아이들과
눈길을 나누기 시작했다
꼬리 흔드는 아이 머리를 쓰다듬고
내게 안기는 아이 등을 어루만지며
길에서 나누는 예쁨이
지금 내 동공에 몰운대 숲 넝쿨로 자라고 있다

*탁구, 봉구, 별이 ; 키우던 강아지들

주산지

햇살 흘러내린 숲 오솔길에
오래 둔 발자국을 벗어 두고 왔다
길눈 밝은 날은 물가에서
청설모 입술 적시는 물 웅덩이 반짝이고
올챙이 낯선 잔 등도 만날 수 있다
활시위 늘이는 소슬바람 부는 날
젖은 솔이끼 누운 길섶이 긴장한다
물결도 숨죽인다
귓불 에이는 바람에 버들나무 잠 못 이루는 밤
창백한 북극성이 왕버들 정수리에
마른 시간 세울 때
걸음이 끊어진 목책 없는 저수지로
드나드는 카메라
오래 둔 발목을 지운다

박달나무

불붙은 편지뭉치
사라지는 잿더미를 눈으로 휘젓는다
그늘이라든가 슬픔이라든가
뒤를 두고 떠난 이들 체취가 구겨져
벼랑 끝 너머 창해에 발등 적시고
다른 벼랑 끝에서 밤을 맞는다
전주서 등 떠밀려 온 봉투
지워지지 않은 이름 하나
나무뿌리 캐내다 손톱이 부러졌다
손끝에서 먼지가 인다
휩쓸린 뿌리 비명 소리 높아
울컥하는 밤이다

이팝나무

밥꽃이라 썼다 지운다
위양지엔 온통 하얀
소리
소리들
아우성이라 쓴 꽃을 지운 뒤
하얀 밥풀
하나만 남긴다

가까이 숲에 소쩍새가 운다

나목

나뭇잎을 버린 걸음들이 플라타너스도 버리고 간다
멀어지는 나목 사이로 눈발들이 뛴다
보도블록 틈새 사랑니 뽑을 새도 없이
낙엽 곁에 선 십이월

목이 희다
가을은 춥다

버드나무 시간

버드나무를 좋아하던 그녀가
잎이 몇 번이나 피고 졌는지 모른 채
식판에 밥알을 뒤적인다
입맛 떨어진 손가락이 끈적거린다
혀끝에서 젖지 않은 말은 식판을 흔들고
목젖을 붉게 물들인다
밥풀이 말라붙은 손톱이 얼레빗 되어
한 올 머리카락 없는 머리에 가르마를 낸다
몸을 들썩여도 앉은걸음에 침대보만 구긴다
출입구는 손에 닿지 않는다
방문객 얼굴을 스캔하는 눈빛이 안개빛이다
시선 머무는 곳마다 조각 난 시간들이 흩어진다
간병인 앞에 입이 커진 그녀는
씹히지 않는 물밥을 받아먹으며
눈치를 바닥에 흘린다
창밖엔 버드나무 가지 흐드러지는데

봄은 버드나무를 기억할까

기생초

몰운대 숲에서 며칠 기생초와 함께 지냈다
바람을 찾아 나서기도 하고
새소리를 내기도 했다
꽃이 쏟아내는 중얼거림은 알아듣지 못하였으나
달팽이관은 야위지 않았다
아껴둔 걸음이 꼬여 운동화를 탓했지만
발바닥은 개의치 않고 나를 잘 데리고 다녔다
낙타 눈썹 같은 바람이 도착하고
시침은 거침없이 돌아 세 번째 달을 삼켰다
며칠 나눠 먹은 이슬에 배고프지는 않았지만
숲 건너 캄캄한 창이 눈에 밟혔다
오래 걸은 오솔길과 오래 누빈 갈참나무 숲에
다음을 기약하자 손가락 걸었다
돌아서는 길
걸음은 두고 가란다

녹색 시선

열대야
알몸 앞에 서 있는 부르튼 입술이
목덜미를 쥐고 있는 머리카락을 자른다
발밑으로 떨어지는 열기구
용서할 수 없는 추락이다

염색을 한다
머리카락 들추는 손가락이
태백산을 움켜쥔다
천년 주목 뿌리에 물든
혈육이 잘려 나간다

자카란다

아마존 정글
나뭇가지에 샛바람 스치면
자카란다 꽃잎, 보라 비로 흩날린다
나무 인중에 가만히 손을 대니 뜨거운 침묵
마른 수피에서 브라질리아가 일어선다
바람을 등지지 못한 가지가 차다
애심호엔 바람이 떨구고 간 꽃이 수북하고
미처 따라붙지 못한 잔바람이
말문 트이지 못하고 호수에 맴돈다
태평양을 건너야 할텐데
꽃눈 데려다 묽은 가지 눈 씻겨야
꽃잎 머금을 텐데 벌은 눈이 멀었다
안개 속에서 몸 부풀린 물총새가
나뭇가지로 꽃을 옮긴다
상심했던 꽃이 날개를 편다
호수에 파문이 지워지면 여백이라 쓰고
눈을 씻고 떠난 자카란다 휑한 자리는
시린 눈망울이라 읽는다

은행나무 침대

천사호
초인종은 간헐적이다
그럴 때마다
두려운 표정으로 문을 여는
그녀 손가락이 헐거워 가고
발바닥엔 못이 생겼다
집달관 압류표가 붉게 물들인 침대와 가전제품
폐쇄된 식당에도 붉은 딱지가 올무 되어
장미 넝쿨이 엉긴 막다른 골목으로 몰았다
그녀는 긴 여행을 떠날 채비를 했다
아카시아 향기 고운 날
석 달 전 남편이 간 길을 더듬거리며
베란다 건조대에 옷을 널 듯 몸을 걸었다
며칠인지 모를 며칠이 지나는 동안
햇볕이 싸늘한 몸을 데워주면
바람은 젖은 눈시울을 말려주었다
인터폰 울림이 멈추고
초인종이 부산스러울 때

현관문이 열렸다
울음 하나가 그녀 눈을 감겼다

가시연 몸살

목젖을 파고드는 가시에
마른 피가 솟구치는 밤이다
혀끝에서 젖은 각질이 떨어지는 밤이다
여름 햇살 닮은 열꽃이 살갗에 가시연을 피우지만
피부는 손도 젓지 못한 채
허우적거리는 밤을 끌어안고 있다
눈시울을 짓누르는 불빛
앙다문 입술을 비집고 나온 줄 선 신음
눈을 감아도 삼킬 수 없는 소리에
눈 그늘이 짙어진다
밤 새운 기침이 늑골을 찌를 때마다
폐 바닥에선 연이 탄 그을음이 쏟아지고
혀에 돋은 바늘이 아침을 시침질한다
몸살이라 하기엔 너무 약한 너를
뭐라 부르랴

제 3 부

문화로 풀꽃

노숙하는 풀꽃 하나가
아침 엉덩이를 드러낸 채
볼 일을 볼 때
보는 시선들이 욱신거린다
곁눈질로 침을 삼키는 사내
그녀는 얼굴에 든 멍을 감추듯
담배 연기를 쉼 없이 내뿜는다
여자 목덜미가 흔들린다
지난밤
남자 술병에 매달려 달래던 허기
배꼽시계가 부서졌다 아침이 무너진다
오후 일곱 시를 밝히는
가로등 눈빛
망가진 시계에서 살아남은 초침은
보도블록 틈에 뿌리내린 풀꽃으로
소주잔이 떨구는 물방울들에
꽃잎을 적신다

뜨거운 발

어스름 그림자가 옷을 벗는다
안개비 가시지 않은 창을 여니
동쪽은 죄다 잿빛이다
밤새 깨어있던 동공, 안개에 눈빛 헹구고
다대포해변 고우니 길로 든다
물너울이 갈대를 덮고 달랑게 눈 밝히는
회색 바다
공복인 걸음은 전망대를 지나
더 멀리 가고픈 눈시울을
잃어버린 시간 앞에 두고 돌아선다
몇 걸음 옮겼을까
갈대가 춤을 섞으며 앞을 막는다
속내를 알 수 없어 가까이 다가설 수도
향기를 맡을 수도 없다
꽃으로 핀 언어는 없을까
노을정을 향해 돌아가다 전망대가 보이는
그만큼 거리에서 멈춘 걸음
다시 봐야지

발
발
뜨거운 발

흔들리는 껌

1호선 전철이 남포역을 빠르게 지나갈 때
사람들을 헤집은 말 한 마디 절룩인다

'안녕하세요'

침엽수림에서 데려온 껌 한 통을 내미는
발을 저는 사내 눈끝이 조심스럽다
목에 걸린 알림판엔
살고 싶은, 살아야 할 이유가
밥을 찾고 있지만
지갑을 여는 사람은 없다
모노드라마를 보듯 사내 절룩임만 본다
외면하는 바람이 객실 안에 떠돌고
목 맨 문장이 펄럭인다
익숙한 듯 그늘을 밟고 가는 사내
기우뚱거리는 걸음이 지하철을 흔든다

빛나는 눌어

오피스텔 9층에서 내다본 서면 문화로
오전 10시 30분이 걸어간다
달려오는 정수리 1, 정수리 2, 정수리 3...
머리카락 사이에 늦은 햇살이 엉긴다
바람 한 점 없는 은행나무 잎에
까치 숨결 내려앉고
성근 가지로 구름 그림자 지나갈 때
1과 15 사이에 내가 서 있다
은행나무 숲이었으면 하는
좁아지는 숫자 속에서 그늘 짙은 눌어가
자음이 붙거나 모음이 삭제되는
나뭇잎 지우개 칼춤이 시작되면
바닥에 떨어진 문자 부스러기엔
웅숭깊은 바람개비가 돌아간다
내 입술이 빛나기 시작한다

그물 손가락

어둠에 죽은 여인이 아침이면 일어나
손가락을 풀어놓는 들녘
그물에 걸린 태양이 불꽃으로 바스러진다
가을걷이 끝난 들판
입술 붉게 칠한 여인이 철새 날개를 따라
논두렁 사이로 입술 펼쳐 보지만
아이가 들고 선 소쿠리에
이삭은 고개도 들지 못하고
그늘진 그림자에 웅크리고 있다
매운바람이 목덜미에 소름꽃 피워도
아이는 아픈 소리를 내지 못한다
날개가 내려앉는 모퉁이에 이삭이 모이고
재두루미 날갯짓 쫓아가는 동공에
엉긴 쭉정이가 잘라먹는 시간
이삭 속으로 들이지 못한
무거운 걸음 위로 다시 어둠이 내린다
아이 이름을 몇 번이나 더 부르면
이삭 담은 소쿠리가 웃어줄까

아침을 기다리지 않는 여인은
질긴 어둠을 삼킨다

가상현실

물침대에 누웠다
가슴이 출렁거려 더 깊이 누울 수 없는 나는
동공에 숨어있는 원시 숲으로 스며든다
첩첩한 땅에서 불던 바람이 매섭게 일어서고
이크란*이 날개를 편다
그늘진 자리를 들키지 않으려는 듯
화살나무는 조용하다
기암절벽 봉우리를 만지면
숲에 아침햇살이 무너질까
가지를 꺾으면 화살이 빗발칠까
돌기둥 장대함도 내 발 아래라 시답잖다
숲에서 모은 커피콩으로 에스프레소를 내린다
귀 어두운 언어들이 풍경구에 흩어지자
구름 뼈가 달팽이관을 세워
금요일에게 메신저를 보낸다
<u>뜨르뜨르 뜨르르</u>
가슴골 적신 커피 향이 얼만큼 날아야
눈시울 붉은 낱말을 품을 수 있을까

매운바람을 만지니
홀로 선 돌기둥이 무너진다

나는 누구의 아바타일까?

*이크란:영화 아바타에 나오는 새

얼음골 사과

깨물면 꿀이 흐르는 얼음골 사과
사과 농원
옷을 입지 못한 입술이 창백하다
애타는 손길에도 땀 가시지 못한
사과나무 어깨가 마른다
단맛 들지 못해 사라진 빨간 시간은
수분 못한 꽃으로 지는데
창을 열면 먼 향기가 손을 내민다
떨어진 꽃을 주우면
말보다 깊은 여백이 웅덩이로 고여
땅바람이 스치기만 해도 꽃잎 마르는 소리
허공에서 접질린다
늑골을 드러내는 사과
뜨거워지는 체온을 인식하지 못한 채
눈에 든 풀벌레 소리만 풀어쓰느라
시퍼런 비린내 쏟으며
밤마다 떨어진다

아무

침상 뒤척이다 발개진 이불 들추며
가로등이 빗금 긋는 창 앞에 선다
가을이 날린다
귓불 놓지 않는 감풀거리는 바람 소리도
햇살에 날린다
침엽수 각 세운 소리가 창틈에 쌓일 때마다
불면은 가시로 동공을 파고든다
깨어있는 잠은 손님인 양
낙엽을 쓸어 유리창을 조각한다
눈은 한 근인데 귀는 만근이라
들어내고 털어내도
가시는 커녕 솜털 하나 숨기지 못한다
속내 드러낸 바람이 떠난 뒤에도
눈썹은 감기지 않고
복제된 맥박 소리가 이불 속을 유영한다
아무가 뱉은 바람 소리에 귀가
몸서리치는 밤이다

눈썹달

비워둔 '봄비 연인' 책갈피 속에는 달이 있다
젊은 날 저녁도 있다 자음이 접혀 밀쳐진 말들
날숨이 눈물을 이슬방울이라 쓴다

행간 밖을 나가는 일보다 갈피 속에서 글썽이던 그늘
얼마나 묵혀 두었는지 달빛 한 줄기에도
온기 없던 혈관에 피가 돈다

눈 감으면 볼을 스치는 달
필통 안에는 젊은 저녁을 쓴
연필이 몽당거리고 밖에선
가지 많은 향나무가 안을 엿본다

아픈 서포

다시 볼 수 있을까 그 나무
커피를 마셔도 커피가 고팠던
'그때 그 자리'

다시 앉을 수 있을까
눈 맞추지 못한 시간이 쇳덩이로 앉은
내가 놓아준 의자

햇빛 잃은 사람이거나 사람 잃은 햇빛이거나
어둠에 말린 걸음엔 은유도 부질없어
서럽고 서러운 고목

동공에 스민 검은 하늘 삼켜도
숨소리 한 모금 들리지 않는
아프지 않으니 아프다

흑가시

검은 입술로 부러진 낱말을 쏟는다
날이 섰거나 등이 굽었거나
정제되지 않은 그렁한 말이 눈을 때린다
숲이 흔들린다
살갗에 돋는 소름이 동공에 스며
심장이 아프다

자음과 모음을 나누던 입술이 아프다
지문 나누던 손길도 거칠어진다
늑골을 찌른 가시가 혈관을 돌고 돌아
귓불에 매달린다

어떻할까
어떻게 해야 할까

가시를 뽑느라
눈 빨간 밤이 통째로 흔들린다
새로운 시작이 필요한 입술이다

젖어야 사는 여자

벳부 가마도지옥 기념품 가게에는
뜨겁게 젖어야 사는 여자가 있다
벚나무 아래
수건에 숨겨진 풍경을 톺아보던 젊은 남자는
관광객이 지나칠 때마다 뜨거운 온천물을 끼얹어
서슴없이 그녀 기모노를 벗긴다
김이 모락거리는 수건을 가만히 만지면
손끝은 얕은 온천에 잠긴 것 같다
속눈썹이 지르는 비명을 다독이고
낯선 살갗을 쓰다듬으면
손가락 미열이 물에 옮겨붙는다
손톱에서 머리카락 같은 물줄기가 새어 나온다
홍조 띤 가지 볼우물이
벗은 다리를 꼬거나
젖은 우산 사이로 얼굴을 내밀거나
쉼 없이 물벼락 맞는 그녀는
이십 년 전 그 자리서 늙지도 않고 서 있다
남자는 백발이 되었다

그리움을 벗다

잘라낼 수 없는
달개비가 낙동강 둔치에서
발꿈치를 세운다
걸음이 서성이는 길섶에
벚나무 가지 사이로 유난히 성긴 바람이
꽃을 흔든다
식당을 하던 달개비
나눌 거라곤 텅 빈 주머니 속
먼지뿐인 바람이었다는 문자를 남긴 채
습지에 숨결을 내려놓는다
소식에 귓불은 숨을 죽이고
날 선 번개에 우레를 녹인
보랏빛 눈물이 가슴을 때린다
(…)
눈썹 위로 노을이 내려앉을 때
둑길 한 켠에 누운 그림자가
발효된 행간으로
잡히지 않는 몸짓을 벗는다

무미랑

휴대폰이 울리고
나를 든 손가락이 어수선할 때
추락이 등줄기에 내려앉는다
폰을 들던 손이 나를 놓는다
거실 바닥에 살점이 흩어진다
찢어진 볼에선 노란 피가 난다
십삼 년을 구릿빛 입술에
로즈마리 향기 머금었는데
청동색 분 칠한 무미랑인 줄 몰랐다
기가 막혀 그녀 비명도 들리지 않는다
파편으로 누운 보랏빛 잔향 사이로
흐드러진 침묵에 그녀는
상해 골동품 골목을 소환하고
혀 짧은 한국말로 걸음을 멈추게 한
바람머리가 멋지던
얇은 입술에 박음질된 침방울을 지운다

완성으로 가는 초승달

시선 끝 행간에 뜬 달
차기도 전에 기운다
달은 손가락을 가만히 두지 않는다
바람 든 손톱으로 계수나무를 들쑤셔
사이에 두고 행간 눈시울을 젖게 한다
쓰린 속내 삭히던 행간 사이는
달을 버리러 행성 블랙홀로 간다
별똥별이 떨어진다 그럴 때마다
눈썹이 쓰리고 손밑이 저린다
달이 분지른 눈빛이 쏟아지던 날
나는 시선이 털어 낸 먼지를
허공에 걸었다

잃어버린 책

여름 끝자락 혼자서
눈 뜨는 아침을 끌어안고
침상에서 등을 구부린다
어디선가 책갈피 넘기는 소리에 창밖을 살피지만
눈은 채워지지 않는다
책은 어둠이 와서야 베개 밑에서 눈뜬다
닫혀진 책이 울고 있다
백열등 아래 표백되어 가던 나는
눈물을 버리러 국경 없는 숲으로 간다
내 그림자를 따라다니는 가로등 불빛이
발등에서 부서지는 풀벌레 소리를 들으며
수없이 읽던 갈피를 넘긴다
애잔한 숨소리가 들린다
혼자 눈뜨는 아침이 차마 뱉지 못한 신음이다
책을 베개 밑에 숨긴 여름은
뼈마디가 드러난 상형문자를 새기고
나는 아무도 기다리지 않는 숲에서
시간을 훔치는 어둠이다

바람 속에서

눈밭에 각혈하는 매화
거먕빛 그림자에 피멍이 들 때
초가지붕 비추는 초승달 그대 눈썹이 껌뻑일 때
글썽이는 눈물이 시릴 때
접시꽃 줄기가 담장 밖을 넘볼 때
거미줄 창문이 삐걱거릴 때
소금쟁이 건너간 시냇물 발자국에 파문이 일 때
침엽수 질긴 입술이 갈라질 때
이팝나무 꽃잎이 쌀밥으로 쏟아질 때
파도 갈피가 모래알을 뒤적일 때

그대에게 가고 싶다

펄럭이던 깃발 등뼈가 굽을 때
비발디 가을 음계가 낙엽 위에 구를 때
빈 그네가 허공을 가를 때
흩날리는 머리카락 노을 끝자락에 머물 때
문풍지 틈새 소리 스산스러울 때

찢겨진 안개가 차도에서 호흡을 멈출 때
부러진 손톱 끝에 매달린 시간이 휘청거릴 때
손가락 사이를 쉼 없이 드나드는
그대 바람이 있다

낙원 묘원 까마귀

소화가 되지 않는다
라벤더 꽃잎을 따먹다
유채잎으로 바꿔 먹어도
속이 부글거리는 건 마찬가지다
조금 전 매 1234* 딸이 두고 간
앵두를 먹었더니 배가 빨갛게 아프다
옆에 사는 친구도
친지들이 다녀간 뒤 날갯짓 부산하더니
봉분보다 배가 더 부풀었다
건너편 동네는
복통에 숨이 멎은 까마귀 여럿이다
김해 낙원추모공원
어둠이 내리면 까마귀들 배 앓는 소리가
메아리로 들썩거린다 몇 해 전
음식물과 전쟁을 치르던 관리실에서
작심한 듯 펜을 들었다
'조화 금지'

* 묘지 번호

물꽃

비구름이 얼굴 낮추면
고모는 무릎에 물꽃을 피운다
그럴 때마다 툇마루에 앉아
빈 바늘로 헤진 관절을 깁고
눅눅해진 입술에 모시 타래를 푼다
시간이 어스름을 살찌우면
앵무새 솟대에 구름 늑골을 눕히고
어둠에 몸집 불린 물꽃이
싸리나무에 검은 꽃을 피웠다
아침 문 앞엔 고모를 기다리는
우산이 서 있다
녹슨 옷깃을 풀면
우산 관절에도 물꽃이 핀다

어둠을 만지다

서면 문화로
봄을 잊은 충혈 된 눈동자들이
입술에 차가운 불을 당긴다
허공엔 덜 자란 먹구름이 있고
북두칠성을 발견한 소주병이
낮부터 살찌우던 술시를 따른다
술잔을 지키는 깍두기가 자정을 부를 때까지
잔에 젖은 손들이 경계를 허문다
사방에 널브러져 있는 종이 침대
새우 몸으로 누운 등 곁에
굽은 길을 튼 술잔을 따라
어둠 쪽으로 손가락 굽은 밤이 넘쳐흐르고
문화로에는 낙오된 혀에
싹 틔우지 못한 은행나무가 휘청거린다
거두워지지 않은 어둠이 깃든 침상
누워있는 술병 실루엣이
25시 문화로 옆구리에 쏟아진다

제 4 부

다이어트가 필요한 말들

입속에 가시를 숨긴 여자와
자음을 고르는 남자가
서로 혀를 섞는다
여자는 그늘진 언어를 꿴 구슬을 뱉고
남자는 미끌거리는 눌어로
언제 날아갈지 모르는 바람꽃 쌓으며 회개한다
살찐 말이 모여 입술 모서리에 더께이고
부서진 모음이 공중을 떠다닐 때
귀 닫지 못한 시름 진 하늘은
제 속을 보이지 못하고
가시나무가 뿌리를 내려도
자음이 모음을 불러와도
그저 바라볼 뿐이다
입술 깨문 채 바라볼 뿐이다

채석강 노을

노을을 만나러 서해에 간다
낮달 뽀얀 속살이 내려앉은 변산반도
노을이 품고 있는 시간은 직선이다
바다는 노을이 순종으로 말하기 바라지만
입술을 쉬이 떼지 않는다
해풍이 쌓아 올린 책장을 들추면
셀 수 없는 책갈피에 시선을 거둘 수 없고
걸어도 찍히지 않는 발자국은
서책 다듬는 물결 따라 비상한다
햇볕마저 말릴 것 같은 마른 날
내 눈꺼풀에 앉거나 눕는
서판 저미는 시간은 멈추지 않고
격랑 앞에 한없이 얇아지는 궁핍한 언어에
둥근 노을이 책안에 들어 앉는다

새재역에서

막차 놓친 가로등 아래
구릉에서 내려온 된바람이 든다
밤이슬에 젖은 벤치
병꽃나무 꽃술과 나란히 누워
검붉은 유화 한 점 그리다
꽃잎 베고 잠이 든다
나뭇가지 사이로 별이 쏟아진다
노란 숨결이 내 입술을 훔칠 때
바람 허리가 휘어진다
그림에 밤이 쌓인다
눈썹에 무딘 밤이 날아가면
그늘진 벤치에 꽃잎만 두고 어떻게 갈까
이슬에 젖은 풀향 스치는 승강장
어둠 가시지 않은 가로등 사이로
첫차가 들어오고
돌아서거나 돌아와야 할
발자국만 남은 새재역

언어 마술사

열두 개 문 앞에 서서
눈동자는 소리없는 선택에 몸살 앓는다
제 자리를 찾지 못한 언어들이
문턱을 넘어서지 못하고
혀끝을 벗어나지 못한 받침들은
힘겨운 호흡에 지쳐간다
달팽이관을 짓누르는 몸집 큰 백지
보풀 날리는 북어로 말라가고
쓰여지지 않는 문장에 헛배만 부르다
입김 서리는 밤을 살아야 한다
하얀 심이 쌓인 연필은
누구 백지를 적시고 있을까
마침표를 찍지 못한 내 언어는 늙어가고
키를 세우지 않는 연필이
무거운 입을 다물고 있을 때
그 사람이 생각난다 마른 우물에서
자음과 모음을 펌푸질 하는
언어 마술사

지하철 여인들

도시철도 1호선
장림역에서 시작한 두 여자 말다툼
일곱 역에 못 미쳐 버린다
객차 삐걱거림에 섞여
신음하듯 사라진 다툼에
입술 숨긴 가방이 한 자리 차지하고
앉은 여자는 눈썹을 그린다
서 있는 여자
가죽 두꺼운 가방을 보며 쓴 입맛 다시지만
더이상 입 씨름은 없다
남자, 가방을 밀치고 앉는다
남자 사이에 낀 가방
미간이 찌그러진다
남자를 흘겨보는
화장 덜 끝낸 여자, 할미꽃이다

젖지 않는 우산

부산역 앞에서 소나기를 만났다
피해 들어선 커피숍 '쉘부르의 우산'
유리창 너머 역 광장에
마른 우산 하나가 비를 맞는다
초침을 삼키는 빗줄기를 타고
흑백 시간 속으로 거슬러 흐르다 보니
쉘부르는 늘 온몸으로 비를 맞으며 서 있고
어깨를 감싸주던 그대는
언제부터인가 아네모네를 노래한다
젖은 발자국을 말리는 형광불빛 아래
가벼운 뮤직 박스
통기타 가수 목소리를 잃은 지 오래
나이 든 DJ는 블란서로 떠났다
음향기를 울려야 할
목소리 한 가닥 남아 있지 않은 유리창에
빗줄기는 실금을 긋지 않는다
나는 어디로 갈까
빛바랜 쉘부르는 멀어져 가고

광장에서 비를 맞던 우산이
햇빛 속을 걸어간다

앨범 속 라면 탑

동네 어귀를 가는 목소리에
음푹 닳은 숫돌 하나 걸린다
서랍 속에 개켜둔 헌옷을 입었다
묵혀 둔 운동화도 신었다
모두 나였던 순간들을 들추자
시침이 늘여 놓은 갈피는
접힌 주름살을 펴고
연탄재 쌓인 골목에서 서성거리는
노인을 부른다

'카알 가~아려'

휜 소리 창을 두드리고
허기진 숫돌에 불꽃이 일면
손녀에게 줄 라면이 손가락 사이서 꿈틀거린다
별이 되어버린 손녀
저만치 멀어진 꽃을 잊은 채
넋을 놓아버린 노인은

매일 라면 탑을 쌓고 그 옆에는
목소리를 가는 노인
서늘한 칼이 구겨져 있다

낮잠

햇살밥 낱알을 붙든 졸음이
눈꺼풀에 이팝나무를 심는다
입술 바람으로 쫓아 보지만
설익은 하품은 눈시울에 앉아
베개 없는 잠을 보챈다
은행나무도 가지가 드리운 그늘에서
낮잠에 들었는지 잎조차 움직이지 않는다
문화로 카페 클레어
갓 볶은 어둠을 마셔도 눈썹이 무겁다
어깨를 넘어오는 카모마일 향을
입술로 베어 문 것 같은데
달팽이관이 귓불을 당긴다
코골이에 놀란 콧날이 시큰거린다
이웃이 못 들은 체 한다
눈썹을 깨워 할로겐램프에 동공을 헹군다
다시 눈을 감으면
탁자에 고봉으로 쌓인 시선을
지울 수 없을 것 같아

잠이 시적시적 눈치를 본다

갈대비

솔바람이 가던 걸음 멈추고
은빛으로 비 내리는 숲에서 촬영하는
카메라 이야기를 한다
렌즈에 담긴 도시를 털어내고
노을자락 스산거리는 뭍을 현상하며
갈대 마을에 정착한 날

셔터 소리는 허공을 울리는
쇠기러기 울음 같다고 말한다
필름이 삭제 된 디지털로
한 올 머리카락도 놓치지 않는 손가락 끝에서
갈대 실루엣이 춤을 춘다

카메라는 숲에서 우는 비를 잠 재우고
숨은 바람 갈피를 찾아
줌 렌즈 속 눈이 된다

슬픈 홍수다

붕어 굽는 부부

해동병원 앞에 놓아 부부가 있다
소리없이 붕어를 낚는 어부다
가로수 그늘을 벗어난 수레
일찍부터 햇살이 달군 비닐 벽에
더위를 매단 눈시울은
목젖 가라앉는 빛살을 수건에 감춘다
미끼도 없는 바늘을 물고
틀을 빠져나온 붕어 뺨이 부끄럽다
아내는 붕어를 낚고
남자는 분양한다
말을 가두어야 하는 입술 대신
미소로 인사하는 부부 눈웃음이 가로수 그늘 같다
어둠이 정수리에 내려앉을 때면
허기진 붕어빵보다 더 배고픈 노인이
천 원어치 폐지와 붕어빵을 바꾼다
노란 봉투 배가 부르다
덤으로 따라나선 옆구리 터진 붕어
분양되었다고 꼬리를 건들거린다

약을 먹다

까치가 배에 둥지를 튼다
부리로 쪼아대는 통증이 눈을 뜬다
가만 앉아 있던 새가 뜀박질을 하고
입에 문 면 가닥이 큰 기둥이다
길어진 젓가락을 놓고 식탁을 떠난다
저항 없이 솟구치는 토사물
어두운 둥지 속에서
좁은 혈관을 붙들고 있는 나를 본다
활화산이 뿜어낸 용암이 흥건한데
파란 입술은 미소를 머금고 있다
거울에 부딪혀 부러지는 눈물
가쁜 초침이 숨소리를 죽인다
터널을 빠져 나오자
누울 수 없는 의자가 다리를 껴안는다
노랗게 쓰러져 버릴 것 같은 어깨를
눈썹이 받치고 있다
소화제 두 알
집으로 가는 택시에서

알약 긴 미로를 들여다본다
둥근 손이 까치 둥지를 허문다

휴일

간들바람 길 따라 나선 너와지붕이
어깨를 나란히 한 산동네
초승달이 큰 얼굴로 들어서는 골목 가운데
오래된 싸인볼이 있다
무뎌 보이는 면도칼 위로
봄 햇살이 눈썹을 내려놓는 이발소에 들어서면
다이알 비누 향이 턱수염을 반긴다
쉴 틈 없이 길을 내던 바리캉이 쉴 때
창가 느티나무보다 더 깊이 뿌리내린
손수 머리 감는 손가락이 익숙하고
잘려져 누운 머리카락에 빛이 내리면
또 하나 초승달이 되는 알전구 불빛이
입김 서린 유리창을 덮는다
휴일이 더 분주한 이발소
앞다툰 걸음에 몸을 일으키는 미닫이
머리카락 뻗친 발자국 느티나무 아래 줄 세우고
초저녁 졸지 않는 전구는
휴일 분주함에 단추를 채운다

을숙도에서

떠나가는 여름과 돌아오는 겨울이
함께하는 습지를 본다
어디가 여름이고 어디가 겨울인지
고방오리부터 재두루미까지
사계 잃은 철새가
물가에 날개를 내려놓는다
밤새 물길이 내고 지운 소리들이
갈대숲으로 가
뿌리에 둥지를 틀고 푸른 잎에 이슬을 건다
오솔길 걷다 보면
소리는 가고 길은 남아
갈대숲 잎맥이 된다
물소리 따라 발자국 위에 다시 길을 내면
되돌아가는 습지
얽힌 계절 속에
쏟아지는 여름이 어디 장마뿐이고
장작 패는 겨울에 어디 살얼음뿐이겠나

자귀나무꽃

이웃집 담장 밖으로 고개 내민
눈썹을 보라 스스로 날개를 편다
붙박이 걸음으로 서성거리던 때
떨어진 꽃잎 하나 손바닥에 놓으면
향기 따라 콧등을 높였다
꽃이 피거나 꽃이 지거나
질러가는 길 외면하고
돌아가는 골목길로 향한 걸음은
날아가는 설렘을 안겨 주었다
어쩌다 담장 밖으로
빠져나온 눈썹을 보는 날이면
손가락 빗질로 다듬어 주고
가지가 옷깃이라도 풀어 헤치면
담장 위로 여며 주었다
동네에 뜨거운 바람이 몰아치더니
큰길에 '재개발' 현수막이 걸렸다
사람들이 집을 버리고
불도저가 어두운 발로 자귀나무를 밀었다

한동안 울음도 나오지 않았다
담장이 어디쯤 있었는지
가늠할 수 없는 걸음을 풀고 풀어도
눈시울 벗어난 꽃은 찾을 수 없다

새를 잡다

자정 기스락 숲속이 아니라도
휘파람새가 뛰어 내린 매화가 흰다
잠들 수 없는 손끝에 화관을 얹고
말간 눈은 가지를 떠나지 못한다
떨어진 시월 낙엽 행렬이 멈추면
지갑 속 세종대왕이 팔랑거린다
어딘가에 있을 두견새 산란을 기다리다
이마를 짚어 보듯 살 빠진 싸리나무 가지에 손가락을 얹자
능선에 떨구고 간 깃털이 수북하다
국화 꽃잎이 미끼를 던진다
쌍피 끝에 매달린
눈썹에 기다리는 시간이 초조하다
공허한 바닥을 내려치는 시린 난, 꽃을 피운다
손가락 마술은 시간을 잊었다
눈을 감아도 눈 속에 새들이 날아
눈에 뵈는 게 없다
멈추지 않는 걸음은 목을 죄고

새들이 날아간 숲속에서
달빛에 빠진 기러기를 건진다
지갑을 닫는다

그늘진 손

어깨가 부딪히는 사거리시장
나무늘보 주머니에 낯선 손이 잡힌다
터질 것 같은 심장신
사임당 옷깃 소리가 손끝에 스친다
시간 갓길을 걷고 있는 눈을 처음 본 날이다
마주친 깊은 초점이
내 동공 속 지문을 계산한다
그녀 손이 번개 치듯 목덜미를 찌른다
입술이 깨문 말은 뱉지 못하고
행인 속으로 등을 보이는 그녀를 본다
까마득한 시간이 지난 어느 날
어묵가게 앞
시식 코너에 흘리는 그녀 미소를 보았다
옆 가방에 밀어 넣는
가시 돋친 빨간 매니큐어
내 목덜미 혈관을 헤집었던 손은
여전히 검은 시간을 훔치는 그늘이다

해설

드리아드 노래와 눈빛 속으로

강영환 (시인)

해설

드리아드 노래와 눈빛 속으로

강영환 (시인)

　명은애 시인의 처소는 다대포가 내려다보이는 언덕 위에 있다. 시인의 거실 창으로 보이는 풍경은 다대포 해수욕장이다. 그 백사장이 이어진 끝으로 몰운대가 있다. 몰운대는 작은 산으로 울창한 숲이 우거져 있어 주민들에게 숲길 산책로를 제공해 준다. 이름대로라면 구름이 소멸되는 공간이라만 그곳에서는 구름이 만들어지기도 한다. 소멸을 말하면서 생성을 도와주는 장소인 숲이다. 원래 숲은 생명을 품는다. 야성의 동식물들이 누구의 간섭 없이 자신의 터전을 지키고 살아가는 공간이다. 시인은 틈나는 대로 몰운대를 찾으며 숲에 관한 생각을 했으며 깊이를 다듬어 왔을 것이다. 이 작품집 곳곳에 몰운대가 등장하는 것으로 보아서도 그런 추측이 가능하다. 숲길을 걸으며 숲에 관한 명상은 당연한 귀결이다. 자주 접하는 공간이 시인의 의식을 서로 잡는 일은 당연하다. 이번 시집이 숲에 관한 명상으로 시작되는 것도 우연은 아닐 것이다.

그리이스 신화에 오르페우스가 그의 아내 에우리디케(Eurydice)를 잃고 슬픔에 잠기자, 숲의 요정이라 불리는 드리아드들이 그의 음악에 감동하여 함께 위로하며 숲 전체가 그의 슬픔에 공감했다. 이는 드리아드가 단순한 숲의 수호자가 아니라, 인간의 감정과 깊이 연결된 존재임을 보여준다.

드리아드는 숲의 요정이다. 나무와 숲을 보호하고 인간과 숲을 연결하는 역할을 하기도 하는 요정이다. 환경 파괴가 심각해지는 요즘 숲의 요정에 대한 신화는 자연보존에 관한 인간의 태도와 여기서 숲의 중요성을 깨닫게 한다. 숲의 요정은 숲과 그 생명을 함께 한다고 믿는다. 숲이 사라지거나 시들면 요정도 사라지거나 시든다고 한다. 우리가 숲에 들어 풀잎에 바람 스치는 소리나 나뭇잎이 서로 부딪혀 내는 소리들 즉 숲에서 나는 소리들은 모두 요정이 내는 소리라는 것이다. 그것들은 인간에게 주는 요정의 선물이라는 거다. 숲에 들면 편안해지고 어디서 오는지는 몰라도 행복감을 넘치게 만든다. 도시 생활에 찌든 인간에게 힐링의 순간을 제공해 준다는 사실은 숲에 한 번이라도 들어 잠시라도 머문 사람이라면 숲의 요정 드리아드의 체취와 향기와 선율을 느꼈을 것이다.

그것을 느끼는 것은 이미 우리 몸 안에 숲의 요정이 들어와 일체를 이루었음을 의미하는 것이다. 숲에 들면 우리의 몸은 태고로 귀의해 간다. 생명이 본향으로의 회귀나 원시의 생명력을 회복해 나가는 과정이다. 명은애 시인은 숲의 요정이 갖는 의미를 우리에게 전해 주고자 한 것으로 보인다.

  2024년 4월 명은애 시인은 4시집 『봄비 연인』을 상재한다. 나는 이 시집 해설에서 '시인의 작품집에서 느낄 수 있는 의미는 따뜻함이다. 화려한 언어가 시인의 호사 취미를 뛰어넘는 정신의 세계를 구축해내는 힘이 내재된 것이다. 그러기에 명은애 시인의 작품은 어디엔가 낯설어 보이기도 하지만 친숙한 느낌을 주는 것도 바로 의미의 따뜻함에서 비롯되지 않았나 싶다. (중략) 존재하는 그것들을 시인의 눈이 포착하여 하나의 유기체로 생명력을 부여하여 세상 가운데로 내보내는 것이다'라고 썼다. 이번 5시집도 그런 의미의 연장선으로 이해한다면 올바른 접근이 될 것이다. 자연과 숲으로 연결된 인간의 삶이 지닌 의미에 따뜻함을 부여한 생명력이 이번 시집의 의미를 가늠하는 열쇠라고 보기 때문이다.

  인간은 어머니로부터 몸을 받아 하늘을 숨 쉬고 땅에서 먹거리를 얻어 몸을 보전하는 일이 생존이다. 살아 있음을 증명하는 일이 이 땅을 살아가는 본령일 수 있다.

그것은 혼자 힘으로는 가능한 일이 아니다. 곁에 누군가가 또는 무엇인가가 있어 먼 길을 올 수 있었고 다시 그 먼 길을 갈 수 있는 용기를 가질 수 있다. 이웃과의 동행, 사물들과 함께하는 일이 자신에게 주어진 생존을 이끌어 갈 수 있는 원동력이 된다. 이 지상에 홀로 설 수 있는 사물은 없다. 인간도 마찬가지다. 그러기에 시인의 관심은 자신에게서 시작하여 타자에게로 확산되어 간다. 타자는 눈에 보이는 타자가 아니라 자신의 또 다른 이름일 수도 있다. 선물로 받은 난 분 하나도 나의 손길을 거치지 않고는 남겨질 수 없는 존재다. 난이 가진 생명에 내가 관여하는 일은 어떤 거대한 사명이 주어져서가 아니라 생명이기에 지켜주어야하는 당위성에 몰입해 갈 뿐이다. 시인은 이런 당위성을 내팽개칠 만큼 모진 성격을 가지지 못했다. 기르던 반려견이 죽었을 때 장례를 치러주고서도 한동안 젖은 눈을 거두지 못한 일도 있었다. 심성이 착해서이기도 하지만 생명이 갖고있는 생존의 필연성을 함부로 여길 수가 없는 엄중한 본성의 가르침을 외면하지 못했기 때문일 것이다. 가냘픈 생명의 끈을 자르지 못하는 심성 즉 깊은 곳에 자리한 애린의 마음이 시인을 꼭 붙들고 있음이다.

 앞선 시집들에서 명은애 시인은 시간의 의미를 되짚어 보고 삶의 재인식을 통해 자신의 내면에 접근해보는 방식이었다면 이번 시집에서는 숲이 간직한 인간에 대한 의미들을 천착해 전달한다. 숲이 인간에게 주는 이로운 혜택은 널리 알려져있는 상식이다. 따로 들먹이지 않더라도 숲이 제공해 주는 맑은 공기, 새들의 노래, 풀빛들, 이들이 가져다주는 벅찬 감흥이 힐링의 순간을 만들어낸다. 숲에서 지저귀는 새들의 노래에 근심 걱정들을 한꺼번에 내려놓을 수 있는 위안을 얻기도 하고 흐르는 물소리에서 삶의 의미를 문득 깨닫고 새로운 의지를 되찾는 벅찬 순간을 맞이하기도 한다. 숲의 요정이 주는 선물인 것이다.

나무 한 그루만 있어도
그녀에게는 숲이다
그 나무 문 앞에서
똑똑 문을 열고 들어서서
공기청정기를 빌려 오기도 한다

숲이 일어 선다
눈에 든 물비늘 털어내고
몰운대 숲에 눈이 깊어지기로 한 그녀
비자나무 아래 섰다
나무를 아는 게 사는 일이라지만
무거운 시간이 쌓인 그루터기는
그녀 아침을 일으켜 물관을 튼다

습한 언어가 말라 가는 잎맥

청설모 혀 안개에 숨기고

음수대 앞에서도 그녀는 입술이 마른다

비구름 끌고 오는 딱총새

몰운대 객사 추녀 끝에 구름 내려놓을 때

비자나무 아래 늘어진 그림자가

숲을 닮는다

—「푸른 독거」 전문

   몰운대는 다대포 해수욕장 곁에 붙어 있는 나지막한 산이다. 언덕이라고 하면 맞는 그런 산이다. 그곳에는 끊임없이 바닷바람이 지나 다닌다. 몰운대라는 지명도 구름이 소멸하는 곳이라는 의미를 가지고 있다. 시인이 거주하는 집도 몰운대가 내려다보이는 다대포 바닷가 언덕에 있다. 늘상 바다를 바라보고 사는 시인은 시적 화자를 등장시켜 자신을 대신하게 한다. 눈에는 들인 바다가 산다. 바다에 이는 물비늘이 눈에 들어와 사는데 그것을 털어내고 이제는 몰운대 숲에 눈을 보내기로 작정한다. 숲과 만나는 방식이 독특하다. 그녀는 숲으로 가서 요정과 만난다. 나무 한 그루에도 숲이 있음을 알고 그 숲에 들기 위해 나무에게 노크를 하면 숲이 문을 열어 준다. 그러면

나는 숲에 들어가서 공기청정기를 빌려 온다. 공기청정기는 숲을 지칭하는 이름이다. 숲이 눈을 깊어지게 한다는 것은 숲을 충분히 내 안에 들이겠다는 다짐같은 표현이다. 그런 다짐을 새기고 비자나무 아래 선다. 그리고는 나무를 아는 것이 사는 일이라고 삶을 정의한다. 나무를 아는 일은 쉽지가 않다. 가까이 나무와 자주 만나서 쳐다보고 만져주고 일상 속으로 나무를 들여야만 가능한 일이다. 서 있는 나무보다는 밑둥이 잘려 나간 나무 그루터기에 먼저 눈이 간다. 누가 나무를 잘라 갔는가. 의문을 품기 전에 나무가 먼저 내게 와서 나의 아침을 일으켜 세우고 내 속에 도는 물관을 트게 해 준다. 이는 나무와 일체가 된 화자를 만나는 일이다. 물관은 나무의 핏줄이다. 뿌리에서 길어 올린 수분을 나뭇잎 끝까지 운송하는 일을 담당하는 것이 물관이다. 나무에 있는 물관이 내게도 있다. 나도 나무가 된 것이다. 물관이 물을 퍼 올린다면 나의 물관은 언어를 퍼 올린다. 나무의 물관이 제 기능을 다하지 못하면 나뭇잎이 마른다. 내 물관이 제대로 작동하지 못하면 나에게 언어가 말라간다는 것은 상징적 의미를 담는다. 청설모는 이빨이 날카롭다. 나무를 타고 다니며 벌레나 다람쥐를 잡아먹고 산다. 청설모 혀에다 안개를 숨긴 그녀는 음수대 앞에서도 입술이 마르는 절박함에 빠진다. 그때 날아든 딱총새가 숲으로 비구름을 몰고 온다. 몰운대 언덕 높은 곳에 이전하여 세워둔 객사 추녀 끝에 물방울을 매단다. 몰운대 숲에 비가 내리는 신호다. 비자나무 아래 선 그림자가 숲이 된다. 이런 전개 구조를 지닌 이 작품이 시사하는 바는 명은애 시인이 숲을 바라보는 시각을 보여준다. 나무 그늘에 선 그림자가 숲이 되는 과정을 풀어낸다. 그 과정에 청설모와 딱총새가 숲과 나와의 관계를 따뜻하게 이어준다. 이런 발상은 다음 시에 이르면 더 깊어진다.

참았던 흙비가 내린다
비는 연두 입술과 갈색 눈을 삼킨 뒤
매섭게 능선을 부른다
숨을 쉴 때마다
흙이었거나 모래였거나
산사태로 무너진 비가
오백 년 팽나무 혈관을 파고 든다
가지가 꺾여 드러난 관절, 마른 눈물에
숨이 차다
잡을 수 없어 셀 수 없는 엉겅퀴가
동공에 담지 못해 넘치는 참닻꽃이
숲속에 **뼈**를 뱉는다
딱따구리 사라지고 거미줄 지워지고
남긴 내 발자국도 흔적이 없다
흙비가 숨을 고르고 떠난 숲에

다시 초록이다
나무에 귀를 대니 물 흐르는 소리 들린다
숲에선 꽃뼈 주섬거림이 일어서고
지워지고 사라진 빈터에
파랑새가 날아든다
봄비 구르다 앉은 바위에도 기척이 돌아
눈도 못 뜬 이끼가 이끼인 척
풋내나는 손으로 초록 연서를 쓴다

—「다시 초록이다」 전문

  흙비는 황사가 짙어지는 봄철이면 내린다. 그 황사비가 새로 돋아나는 연둣잎이 가진 입이나 아직 떨어지지 않고 매달려 있는 갈색 나뭇잎 눈도 마구 삼키고 매섭게 산 능선을 향해 떠간다. 숨을 쉴 때마다 흙이거나 모래이거나 산사태로 무너진 흙이거나 빗물을 타고 5백년 묵은 팽나무 혈관을 타고 오르기도 한다. 가지가 꺾여 드러난 관절을 볼 때면 숨이 차다. 팽나무는 잡을 수가 없다. 엉겅퀴도 눈에 담지 못하는 참닻꽃도 숲속에 뼈를 뱉는다. 황사비가 가져오는 폐해는 참담하다. 숲에서는 딱따구리도 사라지고 거미줄도 지워지고 남겨 놓은 내 발자국조차 흔적이 없다. 이렇게 흙비가 초토화시키고 떠난 숲에 다시 초록이 찾아 온다. 숲이 회복력을 발휘한 것이다. 나무에 귀를 대보니 물 흐르는 소리가 나고 숲에 내팽개쳐진 꽃뼈가 일어서고 흙비에 지워지고 사라진 빈터에 파랑새가 날아든다. 파랑새는 희망을 건네주는 새다. 봄비가 구르다 앉은 바위 위에도 푸른 기척이 돌아 그동안 눈도 못 뜨고 움츠렸던 이끼도 이끼인 척하며 깨어나 푸른 연서를 쓴다. 잔혹한 현실을 극복하고 다시 돌아오는 숲을 발견한 것이다.

  이 시가 가지고 있는 메시지는 숲이 지닌 치유 능력이다. 숲을 바라보는 시선이 메마른 일상을 관통한다. 그것을 가능하게 하는 일이 숲이 가지고 있는 치유 능력을 말한다. 들뜬 감정 없이 바라보는 시선 끝에 숲이 숨 쉬며 깨어나는 자연이 거기 있고 그 속에 내가 있다.

  어디서 잃어버린 피붙이일까
  어쩌다 놓아버린 손일까
  잎새바람 누운 숲속에
  딱따구리 노동이 부서진다
  동공에 스민 숨소리를 떨구는 사이
  능선을 삼키고 드는 그늘에
  초록 너울이 잡힐 듯 휩쓸린다
  나는 나무를 찾아 무엇을 하려는 것일까
  살아야 할 이유를 찾는 것인지
  원대리를 버리고 간 휘파람새를 찾는 것인지

햇빛이 내가 헤매던 길을 펼친다
숲을 희롱하는 미로다
다시 눈 밝혀 보지 않아도
발밑 두꺼운 먼지를 털어내지 않아도
바람에 휘청거리는 가지가 일구는 거품이
꼬리를 물고 사라졌다 나타나는 숲
둥지를 찾지 못한 아기새 울음이
가슴에 슬퍼할 빈터도 남겨두지 않은 채
눈 밖에 둔 벌목공 거친 숨소리와
닮았다 쓴다

―「자작나무를 껴안다」 전문

   시적 화자는 그동안 자작나무를 모른 채 살아왔다. 살결 뽀얀 나무를 만났을 때 어디서 잃어버린 피붙이라는 생각을 가진다. 함께 다니다 손을 놓아버리고 잃어버린 살붙이였음을 직감한다. 그만큼 서로가 닮아있음을 발견한다. 숲속에서는 딱따구리가 나무를 쪼아대는 노동 소리가 들린다. 동공에 스민 자작나무 숨소리를 떨구는 사이에 능선을 삼키고 드는 산그늘에 숲이 휩쓸린다. 나는 나무를 찾아 무엇을 하려는 것인지 처음에 그것은 자작나무 숲을 떠난 휘파람새라도 찾아볼 요량이었을 것이다. 그것은 내가 살아야 할 이유를 나무에게서 찾고 있는 것으로 스스로 느낀다. 숲에 든 햇살이 헤매고 있는 내 갈 길을 비춘다. 내 길은 아직 숲을 희롱하는 미로다. 눈 밝혀 보지 않아도 신발에 묻은 두꺼운 도시 먼지를 털어내지 않아도 숲에 든 나에게 나무는 가지를 흔들며 일궈내는 거품으로 내 앞에서 사라졌다 나타난다. 그 숲에는 아직 둥지를 찾지 못한 아기새가 울고 있다. 내 가슴에 슬퍼할 빈터도 남겨두지 않은 채 눈 밖에 둔 벌목공 거친 숨소리와 닮았다 쓴다.

도시 불빛들 지친 숨결을 본다
하나, 둘, 셋 숲에 떨어진 별을 줍다
배롱나무 가지 속살거림을 듣는다
작은 가지가 큰 가지에게 팔을 받쳐주는
나무 나라에서 꿈을 꾼다
나무가 깔아 준 연둣빛 이불을 덮고
카나리아 입술을 곁에 뉘었다
나뭇잎이 서로 볼을 부비고
새가 알을 낳는 꿈을 꾼다
너무 먼 우리가 우리에게 돌아오는 사이
귓불에 숲이 들려주는 소리를 모아 기른다
꿈이거나 꿈이 아니거나
숲에서 오래 살고 싶다

―「꿈꾸는 숲」 전문

  위 시는 숲의 요정이 쏟아내는 독백처럼 들린다. 그렇지 않다면 요정이 인간에게 던지는 경고 같기도 하다. 숲은 화엄을 이룬 세계다. 큰 나무와 작은 나무, 풀과 온갖 벌레들, 그리고 새들과 새들이 낳은 알들 숲에 들어서면 도시 불빛에 지친 숨결들이 보인다. 숲에는 하늘에서 떨어진 별들도 있다. 그 별들을 줍다가 배롱나무가 속삭여 주는 숲의 화음을 듣기도 한다. 큰 나뭇가지가 작은 나뭇가지를 받혀 주는, 어울려 사는 세계를 발견한다. 그런 어울림이 내 사는 마을에도 이뤄지는 꿈을 꾼다. 떨어진 나뭇잎들을 이불 삼아 맑게 소리 내어 노래하는 카나리아 입을 곁에 누인다. 나뭇잎들은 서로 볼 비비며 새가 알을 낳는 꿈을 꾼다. 알을 낳는 새를 꿈꾸는 것은 그만큼 편안하고 안락하고 영속적인 숲을 의미한다. 인간은 숲에서 너무 멀리 떠났다. 이제 그로부터 돌아오는 우리여야 한다. 숲이 들려주는 소리를 모아서 기른다. 그런 모습은 꿈이어도 좋고 현실이어도 좋은 것이다. 단지 숲에서 오래 살고 싶은 마음을 보여주고 있다. 숲과 인간의 조화, 숲과 숲에 사는 동물들과의 조화는 바로 화엄을 이루는 세계다. 명은애 시인이 꿈꾸는 것은 숲에서 이루어지는 화합과 같은 화엄의 세계이다.

서면 문화로
봄을 잊은 충혈 된 눈동자들이
입술에 차가운 불을 당긴다
허공엔 덜 자란 먹구름이 있고
북두칠성을 발견한 소주병이
낮부터 살찌우던 술시를 따른다
술잔을 지키는 깍두기가 자정을 부를 때까지
잔에 젖은 손들이 경계를 허문다
사방에 널브러져 있는 종이 침대
새우 몸으로 누운 등 곁에
굽은 길을 튼 술잔을 따라
어둠 쪽으로 손가락 굽은 밤이 넘쳐흐르고
문화로에는 낙오된 혀에
싹 틔우지 못한 은행나무가 휘청거린다
거두워지지 않은 어둠이 깃든 침상
누워있는 술병 실루엣이
25시 문화로 옆구리에 쏟아진다

—「어둠을 만지다」 전문

　명은애 시인의 현실 인식은 위 작품에서 보여주는 바와 같이 암울하다. 서면 문화로는 부산에서 번화가에 속한다. 그곳에 앉아 있거나 누워있는 사람들은 봄을 잃은 사람들로써 낮술에 취해 언제나 눈이 충혈되어 있다. 침상으로 사용하는 종이 박스를 깔고 누운 굽은 등이 굽은 길을 튼 술잔을 들고 자정의 경계를 허문다. 삿대질하는 손가락에 어둠은 넘쳐흐르고 문화로에는 낙오된 혀가 내뱉은 저열한 말에 은행나무가 흔들릴 정도다. 그곳 어둠은 거두어지지 않고 그들의 침상에는 쓰러진 술병의 실루엣이 밤을 새워 문화로에 쏟아진다. 도시의 한 부분이지만 낙오된 사람들이 도시 중심가에 모여 낮술로 시간을 보내는 풍경이 바로 이웃에 펼쳐지는 낯익은 풍경이다. 이렇게 도시에서의 상실감을 느끼게 하는 부분적인 모습들은 시의 여러 곳에서 등장하며 역설적인 표현과 풍자적인 은유를 통해 시인이 만나는 현실을 보여준다.

(가) 살찐 말이 모여 입술 모서리에 더께이고
     부서진 모음이 공중을 떠다닐 때
     귀 닫지 못한 시름 진 하늘은
     제 속을 보이지 못하고
     가시나무가 뿌리를 내려도
     자음이 모음을 불러와도
     그저 바라볼 뿐이다
     입술 깨문 채 바라볼 뿐이다

―「다이어트가 필요한 말들」 부분

(나) 노숙하는 풀꽃 하나가

　　　아침 엉덩이를 드러낸 채

　　　볼일을 볼 때

　　　보는 시선들이 욱신거린다

　　　곁눈질로 침을 삼키는 사내

　　　그녀는 얼굴에 든 멍을 감추듯

　　　담배 연기를 쉼 없이 내뿜는다

—「문화로 풀꽃」부분

(다) 오피스텔 9층에서 내다본 문화로

　　　오전 10시 30분이 걸어 간다

　　　달려오는 정수리 1, 정수리 2, 정수리 3…

　　　머리카락 사이에 늦은 햇살이 엉긴다

　　　바람 한 점 없는 은행나무 잎에

　　　까치 숨결 내려앉고

　　　성근 가지로 구름 그림자 지나갈 때

　　　1과 15 사이에 내가 서 있다

—「빛나는 눌어」부분

위 시 (가)는 말들이 부풀어지고 비대해져 말로써 의미를 상실해 가는 현대인들의 언어생활에 대한 폐해를 역설적인 표현에 의미를 더해 풍자한다. (나)는 풀꽃에 비유한 문화로에서 노숙하는 여인의 방자한 삶을 사실적으로 보여 준다. (다)는 건물 9층에서 내려다본 문화로 거리를 지나가는 사무적인 사람들의 건조한 모습을 보여 준다. 우리 삶은 좋으나 궂으나 이들과 함께 한다. 이런 사람들과 함께 살아가고 있는 도시는 사랑의 부재에 목마를 뿐이다. 그리고 물음을 던진다. 무미건조하고 암울한 도시에서 나는 누구인가? 도시에서는 해답을 구할 수가 없다. 나를 도시에서 밀어내는 이들 모습을 통해 시인은 탈출을 꿈꾼다. 사랑이 절망하는 현실 도시에서 우리가 가야 할 길은 어디로 나 있는가? 명은애 시인은 끊임없이 스스로에게 질문한다. 그리고 답을 우리에게 전한다.

치내리바람에 콜레우스 볼 에이던 날
잎은 숨죽여 가시나무 숲으로 간다
며칠 밤을 지내야 바람이 잦아들지
중얼거리는 입술에 무게를 잴 수 없는
추가 달린다
잎은 허공에 떠다니는 초침 소리 들으며
밤을 새우고 아침을 헤아린다
어디로 가야 할까?
어느 길이 내 길일까?
벌목공에게 숲길을 묻는다

깊은 그늘로 휘어지고 싶을 때마다 벌목공은
허공에 치내리를 묻고 불면으로 꿰맨 시간을
거먕빛 입술로 물어뜯고 있다
숲에 비가 내린다
살아온 날들이 빗속으로 빨려 들어간다
다시 비가 되어 쏟아진다
눈 뜬 새벽, 바람이 사라진다
벌레들이 몸 섞는 그늘에 잎을 버려두고
숲으로 사라진다
꽃살문 여닫던 손길이 만든 생채기에
혼절한 밤들이 지나고
하얗게 탄 울음이 길목에 선다
벌목공 손가락이 달을 가르킨다

—「벌목공에게 숲길을 묻다」 전문

  이 작품의 화자는 콜레우스라는 식물을 불러온다. 콜레우스는 꽃보다 잎이 더 화려한 '사랑의 절망'이라는 꽃말을 지닌 식물이다. 도심을 관통하여 부는 바람이 있다. 매우 건조한 바람인 치내리바람이다. 식물이 자라기에는 형편없이 삭막한 도시다. 그 건조한 바람에 콜레우스는 볼이 에인다. 잎이 더 고운 나무는 중얼거리던 말도 죽이고 시간에 쫓기듯 밤을 지새고 아침을 맞는다. 숲속에서 길을 잃는다. 길을 찾기 위해 평생 벌목으로 생계를 이어온 숲을 잘 아는 벌목공에게 길을 묻는다. 벌목공에게 숲길을 묻는 것은 아니러니다. 벌목공은 숲에 살며 나무를 베어내는 사람이다. 누구보다도 숲을 잘 알고 있는 사람이다. 그런데 벌목공은 나무를 베어내 숲을 축내는 직업을 가진 사람이다. 왜 그에게 숲길을 묻는가. 여기에도 시인의 역설적인 의도가 숨어 있다. 숲에서도 길을 잃는다. 벌목공이 나무를 너무 많이 베어내어 숲길이 어지럽혀지고 그곳에서 길을 찾기가 힘들어졌다는 걸 은근히 묻는 듯한 어조다. 나무를 많이 베지 않았더라며 내가 가야 할 길을 쉽게 찾을 수 있었을 텐데 과도한 나무 베기가 숲을 망쳐 놓았음을 벌목공에게 추궁하는 의미를 담고 있기도 하다. 벌목이 이뤄지는 것은 숲이 너무 우거져 성장에 지장을 줄 때 간벌이라는 명목으로 벌목을 한다. 아니라면 나무를 목재로 이용하기 위해서 나무를 베어내는 것을 의미하기도 한다. 이 시에서는 벌목공이 나쁜 사람으로는 읽히지 않는다. 단지 숲을 잘 아는 사람 혹은 숲길을 누구보다도 더 많이 알고 있는 사람, 숲에서는 등대와도 같은 사람으로 읽힌다. 숲이 지닌 가치를 누구보다도 더 많이 이해하고 있는 벌목공에게 길을 묻는다는 것은 숲에 든 내가 어디로 가야 하는 것인지를 묻기 보다는 숲은 어디로 가야 하는 것인지에 대한 길을 묻는다고나 할까. 벌목공도 숲을 사랑하는 사람이다. 이 시에서는 숲에 대한 '사랑의 절망'을 말하고 싶은 것이다. 인간이 숲을 사랑하지 못하는 절망, 숲에서 그 절망을 치유하고 높고 깊은 사랑을 회복하여 벌목공이 간직해 온 고난의 삶을 치유해 주고 싶은 것이다. 콜레오스 잎이 벌목공과 만나서 숲길 어디로 가야 할지 물었을 때 벌목공의 손가락이 달을 가르킨다. 그것은 태초로 돌아가라는 의미를 담는 것일 게다. 원시적인 마음이 곧 숲을 절망으로부터 구조할 수 있는 길인 것이다. 이 작품은 구조적으로 삼위 일체의 모습으로 만들어져 있다. 도시에 불어오는 건조한 치내리바람, 사랑이 절망인 콜레오스 잎, 숲에 사는 벌목공이 긴장 관계를 만들고 있음이다. 시적 화자는 새로운 세계로 가는 길을 벌목공에게 묻는다. 그 길은 달리 먼 곳에 있지 않고 가까운 곳에 있음을 발견한다. 앞서 인용한 작품에서 시인이 숲을 대하는 태도를 발견할 수가 있었다. 잊고 살았던 나무 한 그루의 소중함을 스스로 자각하는 모습을 보여 줌으로써 시인이 숲을 대하는 태도가 예사롭지 않음을 느끼게 한다.

'나무 한 그루만 있어도/그녀에게는 숲이다/그 나무 문 앞에서/똑똑 문을 열고 들어서서/공기청정기를 빌려오기도 한다'

숲은 나무가 모여 이룬 공간이다. 나무가 한 그루씩 여럿이 모여 숲을 이루고 그렇게 이룬 숲에서는 공기가 살아 있다. 숲이 공기청정기를 대신한다는 발상과 나무 한 그루가 숲이라는 자각을 드러냄으로서 나무 한그루의 무게감을 느끼게 하는 시인의 숲에 대한 접근법은 남다르다. 숲이 문명의 이기를 대신 한다는 의미다. 자연 치유력의 근원을 숲이 간직한 원시의 힘에서 비롯됨을 상징한다. 명은애 시인이 지닌 탐구력이 숲 깊숙히 도달하여 뿌리까지 스며들고 있음을 본다. 그 일은 숲의 요정만이 가능한 일일 것이다. 숲의 요정을 만나고 싶은 시인의 다섯 번째 시집 상재를 축하 드린다.